QUESTIONS

D'ARCHÉOLOGIE JAPONAISE.

PARIS.

MAISONNEUVE ET Cie, LIBRAIRES,

QUAI VOLTAIRE, 25.

QUESTIONS
D'ARCHÉOLOGIE JAPONAISE.

I. — LES SOURCES LES PLUS ANCIENNES
DE L'HISTOIRE DU JAPON.

II. — L'ÉCRITURE SACRÉE
ET LES INSCRIPTIONS DE L'ANTIQUITÉ JAPONAISE.

COMMUNICATIONS

FAITES À L'ACADÉMIE DES INSCRIPTIONS ET BELLES-LETTRES.

PAR LÉON DE ROSNY,

PROFESSEUR À L'ÉCOLE SPÉCIALE DES LANGUES ORIENTALES.

PARIS.
IMPRIMERIE NATIONALE.

M DCCC LXXXII.

QUESTIONS

D'ARCHÉOLOGIE JAPONAISE.

EXTRAIT DES COMPTES RENDUS

DE L'ACADÉMIE DES INSCRIPTIONS ET BELLES-LETTRES. (t. IX)
(1881)

I.

LES SOURCES LES PLUS ANCIENNES DE L'HISTOIRE DU JAPON.

Un des problèmes les plus importants que puissent aborder
les orientalistes adonnés à la culture de la langue japonaise
est certainement celui de l'introduction de l'écriture dans les
îles de l'extrême Orient. C'est seulement lorsque ce problème
aura été résolu que nous pourrons fixer les dates les plus re-
culées de l'histoire authentique du Japon, et reléguer d'une
manière définitive dans le domaine de la mythologie et de la
légende les périodes plus anciennes dont les indigènes prétendent nous avoir conservé le souvenir à travers les âges.

Un célèbre voyageur néerlandais, que j'ai eu l'honneur de
compter parmi mes amis, Siebold, m'avait assuré, il y a
une quinzaine d'années, qu'il existait au Japon des textes
antérieurs à l'introduction de l'écriture chinoise dans ce pays,
et des inscriptions écrites avec des caractères figuratifs inventés en dehors de toute influence étrangère. Après de
longues et inutiles recherches dans les principales biblio-
thèques de l'Europe, je me suis adressé à plusieurs savants
de Yédo, avec lesquels j'étais en relation de correspondance,
à l'effet d'obtenir quelques renseignements sur ces caractères

énigmatiques. La réalité de l'écriture en question me fut confirmée à plusieurs reprises; mais, malgré mes demandes persistantes et souvent réitérées, je n'étais pas parvenu à en obtenir le moindre spécimen, lorsque dernièrement j'ai reçu plusieurs publications japonaises récentes où se trouvent exposés et discutés les divers systèmes graphiques qui avaient si longtemps excité ma curiosité.

Parmi les écritures dont ces ouvrages nous révèlent l'existence, il en est une, l'écriture *Sin-zi*, qui m'a frappé tout d'abord par ses nombreuses analogies avec l'écriture coréenne; mais le fait même de ses analogies avec l'écriture coréenne ne nous permet pas d'adopter la théorie suivant laquelle les *Sin-zi* auraient été inventés au Japon. Abel Rémusat a reconnu le premier certaines ressemblances entre plusieurs lettres coréennes et leur équivalent tibétain. M. François Lenormant a signalé, à son tour, d'autres ressemblances incontestables; j'ai, de mon côté, établi la dérivation indienne de tout le système des consonnes coréennes[1]. Le nom même de 神字 *Sin-zi*, n'est rien autre chose que la notation chinoise du mot *dêvanâgarî*, qui désigne l'écriture sanscrite.

Les Japonais ont donc employé, à une époque reculée, mais encore embarrassante à déterminer d'une manière précise, une écriture alphabétique d'origine indienne. Combien de temps et dans quelles circonstances cette écriture fut-elle en usage? Il est encore bien difficile de le dire; on est même tenté de se demander comment il est possible que les Japonais aient possédé une écriture aussi simple que celle-ci, et l'aient abandonnée pour faire usage du système de l'écriture chinoise, système si compliqué, et en somme moins avantageux que le système coréen pour la notation des mots de leur

---

[1] En 1864, dans le *Journal asiatique*, VI⁰ série, t. III, p. 294; en 1873, dans les *Mémoires du Congrès international des Orientalistes*, t. I, p. 229.

langue nationale. Je ne vois guère qu'une seule raison à faire valoir pour expliquer ce fait : la Chine, apportant au Japon tout un corps de doctrines philosophiques, religieuses, scientifiques et littéraires, que la Corée était incapable de lui fournir, une quantité considérable de mots chinois fut introduite dans le vocabulaire japonais, où l'homophonie d'un grand nombre d'entre eux en aurait rendu l'intelligence assez pénible, si l'écriture idéographique des Chinois n'avait pas été adoptée de préférence à l'écriture phonétique des Coréens.

Nous ignorons encore s'il existe un certain nombre d'ouvrages anciennement écrits avec les caractères *Sin-zi;* mais parmi les livres que je possède aujourd'hui, il en est un qui comprend tout le texte du *Ko zi ki*[1], l'un des monuments les plus authentiques de la vieille littérature japonaise. Nous devons non seulement à cet ouvrage la connaissance de l'histoire du Nippon antérieure au viie siècle de notre ère, mais l'exposé le plus autorisé de l'antique mythologie sintauïste[2]. Il y a même ce fait remarquable, que les dieux primordiaux du panthéon japonais, mentionnés dans ce livre, ne figurent déjà plus au commencement du *Yamato bumi*[3], qui est postérieur seulement de quelques années à la publication du *Ko zi ki*. Ces dieux primordiaux paraissent oubliés ou tout au moins négligés dans les ouvrages indigènes qui ont paru par la suite.

[1] L'ouvrage communément désigné sous le titre sinico-japonais de *Ko zi ki* (古事記 «Histoire des choses de l'antiquité») est intitulé *Furu koto bumi*. Composé par Futo-no Yasu-maro (太安麻呂), il fut achevé en l'an 712 de notre ère et présenté à l'impératrice Gen-myau.

[2] *Sintauïsme* est le nom sinico-japonais de la religion nationale japonaise dite «des Génies», et appelée dans l'idiome des indigènes *Kami-no miti*.

[3] 日本書紀 *Yamato bumi* ou *Ni-hon syo-ki*, communément nommé *Nihon gi*.

Or, nous trouvons dans le *Ko zi ki*, au début de la doctrine sintauïste, une trinité et une dualité qui me paraissent dignes d'attention. En tête de la triade originaire du panthéisme japonais figure un dieu appelé *Naka-nusi*[1], dont le nom désigne le pivot central de la religion indigène, et qui pourrait bien avoir été l'expression d'un antique monothéisme chez les insulaires de l'extrême Orient. Ce dieu est d'ailleurs un dieu incorporel, bien qu'un célèbre commentateur, *Moto-ori Norinaga*[2], cherche à établir qu'il avait un corps, mais que ce corps était invisible, ainsi qu'il résulte en effet de l'interprétation du texte, si on le prend rigoureusement à la lettre[3].

M. Victor Duruy demande si l'on ne peut voir, dans le passage en question, les conséquences d'une infiltration ancienne d'idées chrétiennes au Japon.

M. de Rosny regrette de manquer des informations nécessaires pour répondre à cette question. Mais il fait observer que, s'il était établi que le début du *Ko zi ki* a été rédigé sous l'influence d'idées chrétiennes, ce passage n'en serait pas moins intéressant, puisqu'il constaterait l'introduction de ces idées dans les îles de l'extrême Orient bien des siècles avant les plus anciennes dates connues jusqu'à ce jour.

Quoi qu'il en soit, la trinité de Naka-nusi présente des caractères qui peuvent la faire considérer comme une création originale du génie japonais. La dualité, qui lui succède sous deux manifestations différentes, pourrait bien résulter au contraire

---

[1] 中主 *Naka-nusi*, autrement appelé le Dieu unique, primordial et absolu du Ciel, 天一神 (Voy. *Syo-gen-zi-kau*, édit. lith.).

[2] 本居宣長 *Moto-ori Nori-naga* est un commentateur très estimé du *Ko zi ki*. Son œuvre parut pour la première fois en 1798, sous le titre de 古事記傳 *Ko zi ki den*.

[3] Voy. *Ko zi ki den*, liv. iii, p. 17. Je me propose de discuter ce chapitre du *Ko zi ki* dans un mémoire spécial.

d'un emprunt fait au grand courant d'idées chinoises qui pénétra le Japon de part en part plusieurs siècles avant la publication du *Ko zi ki*. Les traces de cet emprunt sont incontestables dans la cosmogonie placée en tête du *Yamato Bumi*[1], dont la publication, je l'ai dit, est à peu près contemporaine de celle du *Ko zi ki*. Il me reste d'ailleurs à signaler la découverte récente de vieux monuments littéraires qui élargissent considérablement le champ de la discussion au sujet des origines historiques et religieuses de la monarchie japonaise.

M. Alfred Maury demande à quelle époque remonte la publication primitive du *Ko zi ki* auquel est empruntée la mention du dieu Naka-nusi et de la trinité qu'il personnifie. Il désire savoir également si l'authenticité de ce livre et celle de la date où on le fait remonter sont parfaitement établies.

M. de Rosny répond que le *Ko zi ki* eut le sort du *Chou-king* de la Chine antique. Perdu dans l'incendie du palais de *So-ga-no Yemisi*[2], en l'an 645 [3], il fut reconstitué sous la dictée d'une femme de la cour, nommée *Aré* de *Hiye-da*[4], qui l'avait recueilli de la bouche même de l'empereur *Tem-bu*[5], comme le Livre sacré des Chinois l'avait été sous la dictée du vieillard *Fou-seng*. On peut certainement élever plus d'une objection au sujet de l'origine et du mode de composition du *Ko zi ki*; mais on ne peut se dispenser d'admettre que, parmi tous les monu-

---

[1] Dans cette cosmogonie, dont j'ai publié la traduction (dans le *Congrès des Sciences Ethnographiques* de 1878, p. 793), il est question des principes *yin* «femelle» et *yang* «mâle», dont la provenance chinoise ne saurait être l'objet d'aucun doute.

[2] 蘇我蝦夷 *So-ga-no Yemisi*

[3] Les vieilles annales du Japon avaient été déjà perdues à l'époque des troubles de 守屋 *Mori-ya* (586-587). Les archives impériales périrent, à leur tour, dans l'incendie du palais de *So-ga-no Yemisi*, qui était alors premier ministre.

[4] 阿禮 *Are* de 稗田 *Hiye-da*.

[5] 672 à 686 de notre ère.

ments sur lesquels repose l'histoire ancienne du Japon, il n'en est aucun qui jouisse d'une plus grande autorité.

Le *Ko zi ki* a été très probablement composé avec les mêmes renseignements que le *Ku zi ki*[1], ouvrage de *Muma-ya do-no wau-si*[2], plus connu sous le nom de *Syau-toku tai-si*[3], lequel mourut en 621 de notre ère.

Un ensemble de données historiques et philologiques que j'ai communiqué, il y a deux ans, au Congrès des Orientalistes à Florence, tend à faire croire que les Japonais connaissaient l'écriture chinoise antérieurement au IIIe siècle de notre ère. En tout cas, il est établi que cette écriture fut pratiquée au Nippon depuis l'arrivée dans cette île du célèbre *Wa-ni*[4], en 285, et que, très probablement avant cette époque, c'est-à-dire depuis la guerre de Corée, au moins quarante ans plus tôt, l'écriture coréenne était enseignée dans l'empire des mikados. Les grandes annales intitulées *Dai Ni-hon si* disent, en effet, que ce *Wa-ni*, envoyé au Japon en qualité d'ambassadeur du Paiktse, l'un des États de la Corée, vint offrir à la cour du mikado plusieurs ouvrages chinois[5]; il fut nommé, peu après son arrivée, instituteur de la famille impériale.

On peut donc faire remonter, à la rigueur, l'histoire authentique du Japon jusqu'au IIIe siècle, et on est tenté d'attribuer une antiquité plus reculée à cette histoire, en s'appuyant sur deux ordres de considérations différentes.

[1] 舊事紀 *Ku zi ki.*

[2] 厩戶皇子 *Muma-ya do-no wau-si.*

[3] 聖德大子 *Syau-toku tai-si.*

[4] 王仁. Ces caractères sont communément prononcés par les Japonais 王仁 *wa-ni* (et non *wau-nin*).

[5] 大日本史 *Dai Ni-hon si*, liv. III, p. 13.

D'abord cette histoire a été transmise verbalement de génération en génération dans les écoles du pays; ensuite les recherches récentes des savants du Nippon nous signalent non seulement des inscriptions anciennes qui peuvent contribuer à élucider le problème des périodes antiques, mais aussi des documents antiques inconnus, pour la plupart, même de titre, en Europe, et des textes originaux, ou considérés comme tels, qui avaient échappé aux recherches de l'érudition indigène.

Un de ces textes, le *Uye-tu fumi*[1], a été l'objet d'un très curieux travail d'un savant japonais, M. *Kira Yosi-kaze*[2]; l'édition que je possède forme trois volumes in-4°, et a paru à Yédo la dixième année de l'ère *Meï-di* (1878). La publication primitive de ce livre n'est pas fort ancienne. On la fixe à la deuxième année de l'ère *Tei-wô*, c'est-à-dire à 1223; mais il paraît qu'il avait été composé à l'aide de documents antiques perdus depuis fort longtemps. L'*Uye-tu fumi*, lui-même, avait été perdu, et ce n'est que dans ces derniers temps qu'on en a découvert deux exemplaires, d'ailleurs plus ou moins défectueux ou incomplets.

Il m'est impossible de rapporter ici le récit des enquêtes successives que nous mentionne M. Kira pour nous renseigner sur les motifs qui l'ont engagé à en admettre l'authenticité. Ces enquêtes, tout en n'étant pas absolument satisfaisantes et décisives, font à coup sûr honneur à l'érudition japonaise contemporaine, et nous montrent que si la critique historique n'est pas encore fondée au Japon d'une façon irréprochable,

---

[1] 𣲷 *Uye-tu fumi*, c'est-à-dire « le Livre de l'antiquité » (上記) composé par 大友能直 *Oho-tomo Nori-nao*.

[2] 吉良義風. L'ouvrage de ce savant est précédé d'une introduction de M. *Kisida Gin-kau*. Je dois l'avantage d'en posséder un exemplaire à la bienveillance de mon savant ami le colonel Harada Kadu-miti.

2.

les savants de cet empire n'en ignorent pas les méthodes et les procédés.

L'éditeur de l'*Uye-tu fumi*, avant de discuter le contenu du livre qu'il remet en lumière [1], s'attache à nous faire connaître l'origine des deux exemplaires dont l'existence lui a été signalée. Il a recueilli scrupuleusement tout ce qu'il a pu savoir sur les conditions de conservation de ces exemplaires entre les mains de leurs possesseurs actuels, et il nous en donne une description aussi minutieuse que possible. Il aborde ensuite l'examen des caractères avec lesquels le livre a été écrit, et les rapproche de ceux qu'on a constatés sur diverses inscriptions antiques. Ces inscriptions, il les reproduit, en raconte l'historique, en examine en détail les principaux caractères. Puis il aborde enfin le contenu du texte, qu'il essaye de traduire et qu'il commente longuement, en s'appuyant sur tout ce qui a été conservé au Japon de documents écrits relatifs aux plus vieilles périodes de l'histoire littéraire de cet empire. Il nous est encore bien difficile de suivre sur ce terrain l'éditeur de l'*Uye-tu fumi*, parce qu'il nous manque, en Europe, la plupart des livres anciens qu'il cite à l'appui de ses discussions, et nous sommes à peu près sans moyens de contrôler la valeur réelle de ce qu'il considère comme les sources sûres des annales de son pays.

Je ne présente donc point à l'Académie le *Uye-tu fumi* comme un document dont l'authenticité est définitivement établie, mais il m'a paru intéressant de lui signaler le travail d'érudition qui s'accomplit, en ce moment, aux dernières limites du monde asiatique.

M. Kira nous rend, en tous cas, un véritable service en nous donnant la liste des livres qu'il regarde comme les plus

---

Le *Uye-tu fumi* nous raconte l'histoire de soixante-treize empereurs qui auraient vécu entre le règne de *Ugaya-fuki-awasesu* et celui de *Zin-mu* (667 avant notre ère).

anciens documents historiques du Japon. Dans les vieilles annales intitulées *Yamato bumi,* principalement dans les deux premiers livres qui renferment la *Genèse* cosmogonique de l'extrême Orient, on trouve, à la suite du texte proprement dit, des passages plus ou moins étendus, tous également précédés de cette mention : «Dans un certain livre, il est dit[1].» Ces passages sont évidemment des emprunts faits à des ouvrages qui existaient encore à l'époque où le *Yamato-bumi* a reçu la forme sous laquelle il a été transmis jusqu'à nous; on pouvait regretter, cependant, de ne pas savoir quels avaient été ces livres. Deux ou trois seulement nous étaient connus de titre[2]. La liste de M. Kira et les nombreux renseignements que renferme son ouvrage nous permettent désormais de rechercher ce qui a pu être conservé des sources primitives de l'histoire japonaise[3].

En attendant, nous possédons, dès aujourd'hui, deux des

[1] 一ル書二曰ハク *Aru fumi-ni ivaku.*

[2] Voyez ma traduction d'une notice de M. Fuku-ti Gen-iti-rau sur les sources de l'histoire ancienne du Japon, dans les *Mémoires du Congrès international des Orientalistes,* session de 1873, t. I, p. 213, et la note de M. Addison van Name, dans le même volume. p. 220.

[3] Les japonistes seront probablement bien aises de posséder la liste que nous fournit M. Kira Yosi-kaze, à laquelle j'ajoute la lecture japonaise des titres :

1 高千穗ノ大宮司ノ傳書 *Taka-ti-ho-no oho-miya tukasa-no den-syo.*

2 同國主元雄ガ傳書 *Taka-ti-ho-no (onadi) koku-siu moto o-ga den-syo.*

3 常陸國新治郡冨田某ガ家記 *Hi-tati-no kuni Ni'i-varu kôri Tomi-ta soregasi ga ka-ki.*

(Ces trois ouvrages sont appelés 原本 «les sources».)

4 出雲國造上世記 *Idu-mo-no koku-zau zyau-sei ki.*

5 常陸國鹿島國造文 *Hi-tati-no kuni ka-sima-no kuni zau-bun.*

plus anciens ouvrages historiques de l'antiquité japonaise, dont l'authenticité n'est guère contestable, le *Ko zi ki* et le *Yamato-bumi;* et nous savons qu'il existe positivement des inscriptions et des monuments composés dans une écriture antérieure à l'introduction des caractères chinois au Japon (iiie siècle). Les ouvrages auxquels les orientalistes ont emprunté jusqu'à présent les renseignements archéologiques que nous possédons sur cet empire sont, au contraire, des ouvrages modernes, peu estimés, d'une valeur et d'une autorité des plus insuffisantes. Il est donc temps de fournir à la science européenne la traduction des véritables livres classiques de l'histoire japonaise et de discuter le contenu de ces livres en s'appuyant sur les ressources nouvelles que nous offrent la paléographie et la philologie comparée.

J'ai entrepris la traduction *in extenso* du *Yamato-bumi,* l'un de ces deux monuments primitifs de l'histoire antique et de la mythologie cosmogonique du Japon. C'est un ouvrage dont le

6 伊豆加茂三島ノ傳書 *Idu-no kami mi sima-no den-syo.*

7 尾張中島逆手記 *Ovari-no Naka-sima sakate ki.*

8 伊勢度會文 *Ise watarai-no bun.*

9 攝津住吉大余坐記 *Setu Nusi-yosi ohoyo-sa ki.*

10 肥後八代縣文 *Hi-go Ya-siro agata-bumi.*

11 阿波田村記 *Ava-no Ta-mura-no ki.*

12 筑前後老家文 *Tiku-zen Go-rau Ka-bun.*

13 豊前後老家文 *Bu-zen Go-rau ka-bun.*

14 薩摩霧島記 *Satuma Kiri-sima-no ki.*

15 越白山舟人文 *Kosi Aku-san funa-bito-no fumi.*

Ces ouvrages sont, en grande partie, ceux auxquels le *Yamato-bumi* a fait des emprunts, comme je l'ai dit, sans nous fournir de citations précises.

titre même pourrait être rendu par : *la Bible de l'antiquité japonaise*[1]. Le contenu justifierait, au besoin, le choix de ce titre. M. l'administrateur de l'École spéciale des langues orientales a bien voulu décider la publication de ma traduction dans le recueil des travaux de ce grand établissement scientifique. L'impression pourra être commencée au mois d'octobre prochain et poursuivie sans interruption.

Je suis sur le point d'achever les deux premiers volumes, qui renferment la *Genèse* mythique des Japonais. Cette Genèse diffère en bien des points de ce qu'on nous a donné jusqu'à ce jour pour nous faire connaître la religion sintauïste : elle est composée dans un style et sous l'empire d'une inspiration essentiellement *sui generis,* qui excluent, je crois, l'hypothèse d'emprunts quelque peu considérables à la Chine confucéiste[2]. Nous trouvons, en outre, dans son étude, les moyens de reconstituer les éléments de la langue *Yamato,* idiome que parlaient les insulaires de l'Asie orientale antérieurement à leurs premières relations avec le continent asiatique. L'examen de cette langue prêtera, je crois, un important secours aux études de linguistique générale, et nous permettra, je l'espère, de constituer chez les peuples de race jaune une grande famille de langues analogue à la famille dite *aryenne* ou indo-européenne. Ce qui avait empêché jusqu'à présent de déterminer les caractères d'une telle famille linguistique, c'est que nous ignorions, d'une part, la langue orale des anciens Chinois, et, d'autre part, cette vieille langue *Yamato* sur laquelle j'ai l'honneur d'appeler la bienveillante attention de l'Académie.

La formation de cette nouvelle famille a une portée qui

---

[1] ヤ゛トブ三 *Yamato-bumi* signifie «le Livre du Japon», comme le 書經 *Chou-king* signifie «le Livre de la Chine, le Livre par excellence».

[2] On trouvera notamment, dans cette Genèse, le récit de la lutte des dieux des conquérants japonais contre les dieux des autochtones Aïnos, qu'ils ont dû

dépasse celle des études sinologiques et japonaises, car il est peu douteux aujourd'hui qu'elle n'étende ses limites occidentales jusqu'au cœur même de l'Europe. Les affinités du hongrois, du finnois et du turc avec le tibétain, les langues mongoliques et le japonais deviennent chaque jour plus évidentes. Si, au point de vue du vocabulaire, ces affinités sont encore trop peu nombreuses pour qu'on puisse en tirer les graves conséquences que je me permets de signaler, — au point de vue de la grammaire, de la syntaxe, de tout le génie linguistique en un mot, elles sont constantes, indiscutables. On est donc autorisé à entrevoir, comme conséquence de la solution du problème qui m'occupe, l'établissement de données ethnographiques nouvelles sur les populations de la zone moyenne de l'Asie et de quelques régions de l'Europe. Les textes que je traduis permettront, en outre, d'apprécier en son ensemble la doctrine religieuse du sintauïsme, et de déterminer dans quelles mesures les éléments de cette doctrine reposent, ou sur les manifestations indépendantes du génie japonais et kourilien, ou sur des spéculations empruntées à la morale de Confucius et à la philosophie du bouddha Çâkyamouni.

II.

L'ÉCRITURE SACRÉE ET LES INSCRIPTIONS DE L'ANTIQUITÉ JAPONAISE,

Dans ma précédente communication, j'ai eu l'honneur de signaler à l'Académie l'existence de l'écriture au Japon, antérieurement à l'introduction des caractères chinois dans cet archipel. J'espère qu'elle me permettra de lui faire part aujourd'hui du résultat des recherches que j'ai entreprises sur cette écriture en vue d'élucider le problème encore si obscur de l'origine et de l'antiquité historique des insulaires de l'extrême Orient.

vaincre pour établir dans l'archipel de l'extrême Orient le gouvernement du *Ten-'au* ou mikado, dont les descendants règnent encore aujourd'hui sur le Japon.

L'écriture antérieure à l'introduction des caractères chinois au Japon est représentée par des monuments graphiques de plusieurs natures différentes. Les uns tirent évidemment leur source des premières relations avec la Corée: les autres pourraient bien être l'œuvre du génie indigène, mais nous manquons encore d'informations suffisantes pour qu'il soit prudent de formuler une théorie à leur égard.

L'écriture désignée sous le nom de 神字 *Sin-zi* « caractères des Dieux », que quelques auteurs japonais, à la tête desquels il faut placer Arata Atutane, considèrent comme inventée dans leur pays, offre trop de ressemblance avec l'écriture coréenne pour qu'on puisse accepter une telle hypothèse. Quelques lettres seulement présentent des différences, et, comme on le verra tout à l'heure, ces lettres ont été imaginées sans que leurs auteurs aient eu une idée exacte du système graphique qu'ils modifiaient pour les besoins de leur idiome national.

Voici une liste comparée des lettres coréennes et *sin-zi* qui, je l'espère, ne laissera subsister aucun doute sur mon affirmation :

VOYELLES.

Coréen : ㅏ ㅓ ㅗ ㅜ ㅡ ㅣ ㆍ ㅑ ㅕ ㅛ ㅠ

        a   *eu*   *o*   *u*   *ă*   *i*   *ă*   *ya*   *yeu*   *yo*   *yu*

Sin-zi : ㅏ ㅓ ㅗ ㅜ ㅣ

        a   *e*   *o*   *u*   *i*

Les autres voyelles manquent en sin-zi.

CONSONNES.

Coréen : ㄱ ㄴ ㄷ ㄹ ㅁ ㅂ ㅅ ㅈ ㅇ ㅇ

        k   *n*   *t*   *r*   *m*   *p*   *s*   *ts*   *h*   '

Sin-zi : ㄱ ㄴ ㄷ ㄹ ㅁ ㅅ   ㅇ ㅎ ㅣ ㅂ

        k   *n*   *t*   *r*   *m*   *s*   '   *f,h*   *y*   *w*

La ressemblance, on le voit, est complète, si ce n'est que la lettre ㄹ, *r,* a été réduite à sa partie supérieure ㄱ. Arata prétend, au contraire, que ce sont les Coréens qui y ont ajouté à tort la partie inférieure ㄴ[1]; mais cette opinion n'est pas soutenable quand on sait que la lettre coréenne ㄹ dérive de l'écriture indienne (ㄹ en tibétain), comme toutes les autres consonnes de cet alphabet (ㄱ, tib. ㄱ; ㄴ, tib. ㆆ; ㄷ, tib. ㄷ; ㅁ, sansc. ㅁ; ㅂ, tib. ㅂ; etc.). C'est probablement aussi parce que l'on ignorait l'origine indienne de ces lettres qu'on a donné à l'*h,* à l'*y* et au *w* les formes ㆁ, ㅣ et ㅇ, sans que rien les rattache à l'économie générale de l'alphabet.

Le signe ㅣ, qui figure l'*y* consonne, soulève seul quelque difficulté, car, dans l'alphabet coréen, le son de cette consonne est représenté par l'addition d'un petit trait au signe des différentes voyelles (ㅓ *a,* ㅕ *ya,* ㅜ *u,* ㅠ, *yu,* etc.). Ce signe, suivant Arata Atutane, existait anciennement en Corée sous la forme ㅿ et aurait été remplacé par ㆁ (*h*) à l'époque de *Sei-sǒ* (commencement du xv⁰ siècle). Ce savant mentionne notamment la présence de ㅿ sur le revers des monnaies de la période Youen-yeou (元祐通寳 *gen-yû tu-bau*) fondues dans le pays de *Ko-ma* (Corée), et se demande si ce n'était pas le signe de l'écriture hi-fumi[2]. Il considère également comme fautif le caractère ㅇ qui figure de même

<hr>

[1] 下ふL の付ツキ〻まム訛アヤマリる₹ (*Sin-zi Hi-fumi den,* liv. I, page 38).

[2] 高コ麗レ國ふて鋳〻₹といム。元祐通寳といム錢の背文に。この字を鋳付クたると思ムじ。此ヒ日ヒ文三の字ゐるとや (*Sin-zi Hi-fumi den,* loc. cit.).

sur quelques médailles, où il aurait été mis pour le caractère
工. Nous n'avons point encore les moyens de vérifier cette as-
sertion d'Arata Atutane, mais il me semble bien difficile d'en
tirer la conclusion que l'écriture coréenne dérive de l'écriture
hi-fumi[1], et cela d'autant plus qu'une foule d'arguments évo-
qués par le savant exégète japonais en faveur de sa théorie
ne supportent point la critique.

L'histoire de l'écriture coréenne ne nous est guère connue que par ce qu'en disent les auteurs japonais, et nous devons considérer comme suspects ceux qui soutiennent que
cette écriture aurait été primitivement inventée au Japon.
Suivant Arata Atutane, les caractères *Sin-zi* se rattacheraient
à des signes cursifs inconnus, dit-il, en Corée[2] et dont on a
retrouvé quelques exemples tracés par un ancien habitant des
provinces de Hi (Hi-zen, Bin-go). Ces exemples de signes cursifs dateraient de l'ère 康保 *Kau-hô* (964), et seraient
antérieurs de 460 ans à l'époque où les Coréens, sous le
règne de 世宗, *Sei-sô* (Chi-tsoung)[3], auraient adopté les
caractères japonais *Sin-zi* pour écrire leur propre langue.

La dérivation de l'écriture *Sin-zi* des signes cursifs de l'habitant de Hi dont parle Arata Atutane est loin d'être prouvée;
et, en tout cas, ces signes cursifs datent d'une époque relativement moderne, postérieure de plus de sept siècles à l'inva-

---

[1] 日ヒ文ㇷ゚ㇾ本ふて。諺文は末るㇾ。 *(Sin-zi
Hi-fumi den*, liv. I, page 37).

[2] (*Sin-zi Hi-fumi den*, liv. I, page 3). — J'ignore s'il existait, dans les anciens
temps, une forme cursive pour les caractères coréens, mais cette forme existe
aujourd'hui, et nous en possédons des exemples qui ne ressemblent point aux caractères cursifs du *Hi-fumi*.

[3] La première année du règne de 世宗 *Sei-sô* (Chi-tsoung), répond à
la 26ᵉ année de l'ère japonaise 應永 *Ô-yei*, 1419 de J.-C. (*Sin-zi Hi-fumi
den*, liv. I, page 34).

sion de la Corée par l'impératrice Zin-gu et à l'introduction des premiers livres chinois au Japon. On ne saurait donc trouver là un argument solide en faveur de la doctrine qui attribue aux Japonais l'invention d'une écriture en dehors de toute influence étrangère.

Ensuite les spécimens qu'on a recueillis comme autant de formes de l'écriture hi-fumi appartiennent évidemment à plusieurs systèmes graphiques différents. Quelques-uns ont toutes les apparences d'une écriture de fantaisie, et rappellent les nombreuses variétés de lettres mandchoues avec lesquelles on a imprimé le texte original de l'*Éloge de Moukden* par l'empereur de Chine Kien-loung.

Parmi ces spécimens, il en est quelques-uns qui peuvent donner l'idée d'une écriture d'invention indigène, mais d'une écriture figurative, à peine passée au syllabisme, et qui, par conséquent, ne saurait être assimilée aux caractères incontestablement dérivés de l'*alphabet* coréen, dans lequel la consonne est tracée sous sa forme abstractive, c'est-à-dire sans qu'une voyelle lui soit inhérente.

Les exemples que j'ai donnés tout à l'heure sur le tableau suffisent, je crois, pour démontrer la parenté que j'ai reconnue, il y a bien des années, entre l'écriture coréenne et l'écriture indienne dêvanàgarî.

Je prie l'Académie de vouloir bien jeter les yeux maintenant sur l'autre alphabet *hi-fumi* que j'ai reproduit sur le tableau. Cette fois, il ne s'agit plus d'une dérivation ou d'une altération du coréen; nous sommes en présence d'un alphabet purement hindou. Le parallèle que j'ai donné de ces lettres *hi-fumi* et de leur correspondance dêvanâgarî ne peut laisser subsister aucun doute à cet égard. Or je ne suppose pas que les savants qui soutiennent que cette écriture a été inventée au Japon et qu'elle a été ultérieurement introduite en Corée prétendent aussi que de ce dernier pays elle est arrivée dans l'Inde!

Il me paraît inutile d'insister davantage sur l'impossibilité d'admettre une origine japonaise pour les lettres coréennes. Le problème qui se présente à nous n'a pas besoin de cela pour être intéressant, et il suffit qu'une écriture alphabétique ait été connue des anciens Japonais, dès les premiers siècles de notre ère, pour qu'on puisse trouver là un fait digne de la sollicitude des orientalistes. Ce fait d'ailleurs nous amène à aborder plusieurs questions historiques et philologiques d'une haute importance. J'essayerai d'examiner deux d'entre elles en ce moment :

1° D'où dérive le mot japonais qui désigne « l'écriture »?

2° En quel caractère l'antique recueil intitulé *Ko zi ki* a-t-il été écrit originairement?

Les signes idéographiques sont désignés par les Japonais sous le nom de *zi*, et les signes phonético-syllabiques sous le nom de *kana*.

Le mot *zi* n'est autre que le chinois 字 *tsze* prononcé à la japonaise. Quant au mot カナ *kana*, qu'on écrit en signes idéographiques 假名, et qu'on fait dériver de *kari-na* « nom emprunté », je crois que cette étymologie n'est pas sérieuse, et je suis porté à le faire venir de 神字 *kami-na* « caractères des dieux », qu'on écrivait anciennement *kamŭna*, c'est-à-dire *kan-na*, la syllabe ム *mu* remplaçant dans les anciens textes japonais la nasale ン *n* dont l'usage est relativement récent. On pourrait citer des exemples de mots où l'*n* a été parfois redoublé; par exemple 三十 *mina* « tous », qui se prononce parfois *minna* (*minna sama* « vous tous, Messieurs, » etc.). Or *kami, kamu* ou *kan* est l'équivalent du sanscrit *déva* « dieu », et *na* du sanscrit *nâgarî* « caractère ». Le mot *kana*, qui désigne l'écriture phonétique du Japon, est donc la représentation du mot indien de l'écriture *dévanâgarî*. Si cette étymologie, que je crois solide, est définitivement acceptée, la première conséquence à tirer de l'éclaircissement de ce fait philologique est que l'ancienne écriture des Japonais était d'origine indienne, ainsi que le prouve d'ailleurs l'examen comparé des signes de cette écriture avec ceux de l'alphabet hindou.

Étant admis que l'ancienne écriture des Japonais est celle que j'ai rattachée au dêvanâgarî, est-ce avec cette écriture que fut écrit originairement le *Ko zi ki?* Cet antique canon religieux et historique des Japonais nous est donné aujourd'hui en caractères idéo-phonétiques chinois, avec une transcription latérale en caractères syllabiques *kata-kana.* Bien qu'on ait été tenté de croire que ce livre avait été rédigé primitivement en caractères chinois, j'ai découvert la preuve que cette supposition était erronée. C'est sur un ordre de l'empereur *Kin-mei,* au vi^e siècle de notre ère, que l'écriture chinoise a été substituée à l'écriture phonétique avec laquelle était écrit originairement le *Ko zi ki.* Cette écriture ne pouvait être le *kata-kana,* qui ne fut imaginé que vers le milieu du viiie siècle, ni le *hira-kana,* qui date du commencement du ixe siècle. Donc ni la partie composée en chinois, ni la partie composée en *kata-kana,* dans le *Ko zi ki,* ne nous donne la forme paléographique de ce livre sacré de l'antiquité japonaise. Le *Ko-zi-ki* fut très probablement composé avec les caractères *kan-na* ou *sin-zi,* c'est-à-dire avec l'écriture alphabétique d'origine indienne dont se sont servis anciennement les insulaires du Nippon. Je demande d'ailleurs la permission de mettre sous les yeux une édition complète du *Ko zi ki* imprimée avec cette même écriture alphabétique et sans aucun caractère chinois. L'éditeur a malheureusement omis de nous fournir des renseignements sur la provenance et l'historique du texte qu'il nous présente, et nous devons nous livrer à de nouvelles recherches pour que la question de la forme originaire du *Ko zi ki* soit définitivement élucidée.

Les problèmes relatifs à l'antiquité japonaise sont encore loin d'être résolus, mais on peut dire qu'ils n'avaient pas même été jusqu'à présent portés sur leur véritable terrain. Avec les nouveaux instruments de travail arrivés en Europe, ces problèmes, dont nous pouvons désormais apprécier la nature et mesurer l'étendue, ne tarderont pas à être éclaircis. Je serais heureux si la savante Compagnie qui me fait l'honneur de m'écouter pensait que je suis entré dans la véritable voie pour contribuer à leur solution.